Dans la collection
CARNETS DE SAGESSE :

PAROLES INDIENNES
par Michel Piquemal
PAROLES DU BOUDDHA
par Marc de Smedt
PAROLES ZEN
par Marc de Smedt
PAROLES DE LA GRÈCE ANTIQUE
par Jacques Lacarrière
PAROLES DE JÉSUS
par Jean-Yves Leloup
PAROLES DE LA ROME ANTIQUE
par Benoît Desombres
PAROLES DE SAGESSE JUIVE
par Victor Malka
PAROLES D'ISLAM
par Nacer Khémir
PAROLES DE L'ÉGYPTE ANCIENNE
par François-Xavier Héry
PAROLES DU TAO
par Marc de Smedt
PAROLES DE NATURE
par Jean-Marie Pelt
PAROLES DE SCIENCE
par Albert Jacquard
PAROLES D'AFRIQUE
par Gérard Dumestre
PAROLES CELTES
par Jean Markale
PAROLES SOUFIES
par Sylvia Lipa Lacarrière
PAROLES DES FRANCS-MAÇONS
par Jack Chaboud
PAROLES DES ROMANTIQUES
par Michel Piquemal
PAROLES DE CHAMANS
par Henri Gougaud
PAROLES DES SAGES DE L'INDE
par Marc de Smedt
PAROLES DU JAPON
par Jean-Hugues Malineau
PAROLES DE TOUAREGS
par Maguy Vautier
PAROLES DE PEINTRES
par Jean-François Domergue
PAROLES DU NOUVEAU MONDE
par Kenneth White
PAROLES DE MUSICIENS
par Françoise et Bertrand Ballarin
PAROLES DE SAGESSE CHRÉTIENNE
par Jean Vernette
PAROLES DE SAGESSE LAÏQUE
par Daniel Royo
PAROLES DE TROUBADOURS
par Jean-Claude Marol
PAROLES ABORIGÈNES
par Thomas Johnson
PAROLES AZTÈQUES
par Jean Rose et Michel Piquemal
PAROLES DU TIBET
par Marc de Smedt

Collection dirigée par Marc de Smedt et Michel Piquemal
Illustration de couverture : Philippe Roux

Loi 49 956 du 16 juillet 1949 sur les publications destinées à la jeunesse
Dépôt légal : 1er semestre 2000
N° d'édition : 12003/3
ISSN : 1248.8089 - ISBN : 2 226 10214 0
Imprimé en France par Pollina s.a., 85400 Luçon - n° 80087

PAROLES DE SAGESSE ÉTERNELLE

Textes présentés et recueillis
par Michel Piquemal et Marc de Smedt

ALBIN MICHEL
CARNETS DE SAGESSE

Dans Fahrenheit 451, *son célèbre roman de science-fiction, Ray Bradbury imagine une société qui brûle les livres et dans laquelle des « résistants » les apprennent par cœur en cachette afin de sauvegarder la pensée.*
À l'aube du troisième millénaire, cette fable semble lourde de sens. Et nous nous sommes posé la question : quels seraient ces livres, ces textes que nous devrions absolument garder en mémoire dans la course effrénée de notre époque, sa pollution psychique permanente et son harcèlement médiatique et publicitaire ? Rude tâche, aussi folle que monumentale, mais qui s'est révélée riche d'enseignements.
Après le tamis des lectures et relectures, ce sont presque toujours les « grands classiques » qui demeurent, tels de solides rochers dans la tempête : Marc Aurèle, Bouddha, Jésus, Shakespeare, Hugo, Goethe, Gibran… parce qu'ils n'ont pas parlé ou écrit pour une époque, une génération, une civilisation, mais parlent pour l'Homme. Leurs textes tiennent bon face aux atteintes du temps. Ils n'ont jamais failli. L'être humain s'en est toujours nourri et gageons qu'il s'en nourrira encore durant des milliers d'années. Parce qu'ils sont porteurs des valeurs fondamentales (espoir, bonté, compassion, sérénité…), porteurs de spiritualité et de sagesse. Mais aussi parce qu'ils allient dans un même mouvement la concision de pensée et la beauté du verbe… ils nous font du bien, nous dynamisent, ils nous aident à être heureux et conscients.
Nous avons donc réuni ces paroles avec le désespoir d'en laisser tant sur le bord du chemin. Mais celles qui restent nous semblent essentielles. Puissent-elles nous aider à suivre le conseil du poète René Char : « Imite le moins les hommes dans leur énigmatique maladie à faire des nœuds. » Oui, voici bien des paroles à dénouer l'esprit ! Emportez-les dans le voyage du troisième millénaire…

Michel Piquemal et Marc de Smedt

Un disciple demande à un vieux maître :
– Qu'est-ce que la voie (le *Tao*) ?
– Ton esprit de chaque jour,
répond le vieux maître.
Quand j'ai faim, je mange ;
quand je suis fatigué, je dors.
Surpris, le disciple interroge encore :
– N'est-ce pas là ce que chacun fait ?
– Non : la plupart des êtres ne sont
jamais présents dans ce qu'ils font.
L'homme vraiment accompli se reconnaît
à ce qu'il n'a plus l'esprit divisé.

Conte taoïste

Ch'iu Ying, *Le poète Li Po recevant ses amis,* XIVe s.

Beaucoup cherchent le bonheur plus haut
que l'homme, d'autres plus bas.
Mais le bonheur est à la taille de l'homme.

Confucius

Celui qui ne progresse pas chaque jour,
recule chaque jour.

Confucius

Deux mandarins de la cour de la dynastie Ming, Chine, XVe s.

Celui qui veut parvenir à la sagesse doit ne tromper personne, n'éprouver de haine pour personne, ne jamais désirer nuire dans la colère. Il doit ressentir pour toutes créatures un amour immense, comme celui d'une mère pour son fils unique, qu'elle protégerait au risque de sa propre vie. Là-haut, ici-bas, et tout autour de lui, il doit faire rayonner son amour, qui ne connaît ni bornes ni obstacles, qui est dégagé de toute cruauté et toute animosité. Qu'il soit debout, assis, en marche ou couché jusqu'à ce qu'il s'endorme, il doit maintenir son esprit dans la pratique de la bonne volonté envers tous.

Le Bouddha

La vie du Bouddha : l'offrande de la poignée d'herbe, Tibet, XVIIIe s.

Ce que tu as appelé *monde*
il faut commencer par le créer.
Ta raison, ton imagination,
ta volonté, ton amour
doivent devenir ce monde.
La vie n'aura servi à rien
à celui qui quitte le monde
sans avoir réalisé
son propre monde.

Brihadaranyaka Upanishad

Princesse jouant de la vina, miniature indienne, école de Hyderabad, 1770

La cachette invisible

Autrefois, raconte une vieille légende hindoue, tous les hommes étaient des dieux. Mais ils abusèrent tant de leurs privilèges que Brahmâ, le maître des dieux, décida de leur ôter ce pouvoir divin et de le cacher en un endroit où il leur serait impossible de le retrouver.
Brahmâ organisa donc un Conseil pour décider d'une cachette et les dieux mineurs prirent d'abord la parole :
« Enterrons la divinité de l'homme dans la terre ! »
Mais Brahmâ répliqua :
« Je vois que vous connaissez fort mal l'homme ! Il fouillera, il creusera et, un jour, il finira par trouver.
– Dans ce cas, jetons la divinité dans la profondeur des océans ! »
Mais Brahmâ soupira :
« Tôt ou tard l'homme ira explorer le fond des océans et la remontera à la surface. C'est un éternel insatisfait... »
Les dieux mineurs ne savaient plus que dire :
« Où donc la cacher alors ? Car, si nous t'en croyons, il n'est pas d'endroit, sous terre, dans le ciel ou au fond des mers que l'homme n'atteindra un jour. »
Alors Brahmâ reprit la parole :
« Voici ce que nous ferons ! Nous cacherons la divinité de l'homme au plus profond de son cœur, car c'est le seul endroit où il ne songera pas à aller la chercher... »
Et depuis ce temps, l'homme a fait le tour de la terre, il a creusé, il a exploré, il a fouillé le fond des mers... à la recherche de quelque chose qui se trouve en lui-même.

Légende hindoue

Derviche tenant un bol d'aumônes, miniature indienne, école moghole, 1630

Les portes du paradis

Un samouraï se présenta devant le maître zen Hakuin et lui demanda :
– Y a-t-il réellement un paradis et un enfer ?
– Qui es-tu ? demanda le maître.
– Je suis le samouraï…
– Toi, un guerrier ! s'exclama Hakuin. Mais regarde-toi. Quel seigneur voudrait t'avoir à son service ? Tu as l'air d'un mendiant.
La colère s'empara du samouraï. Il saisit son sabre et le dégaina. Hakuin poursuivit :
– Ah bon, tu as même un sabre ?! Mais tu es sûrement trop maladroit pour me couper la tête.
Hors de lui, le samouraï leva son sabre, prêt à frapper le maître. À ce moment, celui-ci dit :
– Ici s'ouvrent les portes de l'enfer.
Surpris par la tranquille assurance du moine, le samouraï rengaina son sabre et s'inclina.
– Ici s'ouvrent les portes du paradis, lui dit alors le maître.

Conte zen

Tanyu, *Samouraï tenant trois sabres,* XVIIe

Ô mon âme, n'aspire point à l'Immortalité
mais épuise le champ du possible.

Pindare

Athlète soulevant des haltères, vase grec, Ve s. av. J.-C.

ϹωΚΡΑΤΗϹ

Les trois tamis

Un jour, quelqu'un vint voir Socrate et lui dit :
– Écoute, Socrate, il faut que je te raconte comment ton ami s'est conduit.
– Arrête ! interrompit l'homme sage. As-tu passé ce que tu as à me dire à travers les trois tamis ?
– Trois tamis ? dit l'autre, rempli d'étonnement.
– Oui, mon bon ami : trois tamis.
Examinons si ce que tu as à me dire peut passer par les trois tamis.
Le premier est celui de la vérité. As-tu contrôlé si tout ce que tu veux me raconter est vrai ?
– Non, je l'ai entendu raconter et…
– Bien, bien. Mais assurément tu l'as fait passer à travers le deuxième tamis.
C'est celui de la bonté.
Ce que tu veux me raconter,
si ce n'est pas tout à fait vrai,
est-ce au moins quelque chose de bon ?
Hésitant, l'autre répondit : Non,
ce n'est pas quelque chose de bon, au contraire…
– Hum ! dit le Sage, essayons de nous servir du troisième tamis, et voyons s'il est utile de me raconter ce que tu as envie de me dire…
– Utile ? Pas précisément…
– Eh bien ! dit Socrate en souriant,
si ce que tu as à me dire n'est ni vrai, ni bon,
ni utile, je préfère ne pas le savoir,
et quant à toi, je te conseille de l'oublier…

Apologue grec

Socrate, fresque, Ier s. av. J.-C.

Ainsi, pour parvenir à la sérénité, il sera bon, face aux événements contraires, de ne pas perdre de vue ce qu'ils peuvent comporter pour nous d'utile et d'intéressant : tempérons le mauvais par le bon afin qu'en tout le bon l'emporte. Mais si nous sommes capables de détourner les yeux, quand ils sont blessés par une lumière trop vive, vers les teintes apaisantes de l'herbe ou des fleurs, nous attachons par contre notre esprit aux événements qui lui causent de la peine ; nous l'obligeons à considérer à loisir les sujets qui lui sont désagréables – tout juste si nous ne le détournons pas de force de tout ce qui pourrait lui causer du plaisir !

Plutarque

Berger jouant de la flûte près de son troupeau, mosaïque de Corinthe, Ier s.

Mon Dieu, donnez-moi la sérénité
d'accepter les choses que je ne puis changer,
le courage de changer celles que je peux,
et la sagesse d'en connaître la différence.

Marc Aurèle

Jeune fille écrivant, fresque provenant de Pompéi, Ier s.

Ne demande pas que ce qui arrive
soit comme tu le veux,
mais veux ce qui arrive comme il arrive
et tu couleras une vie heureuse.

Épictète

Jeune homme tenant un ciboire et des fleurs, portrait du Fayoum, art copte, IIe s.

À l'époque où les ponts étaient encore rares, Nasreddin Hodja travaillait comme passeur sur le fleuve.
Avec sa petite barque, il faisait traverser les gens d'une rive à l'autre, contre quelques misérables piécettes.
Un jour, un grand savant, les bras chargés de gros livres, prit place dans la barque. Nasreddin Hodja lui souhaita la bienvenue et parla avec lui de choses et d'autres.
Le savant se rendit compte que Nasreddin ne maîtrisait pas bien la grammaire, et que sa façon de parler n'était pas très recherchée. Il lui demanda :

– Dis-moi, mon ami, n'as-tu jamais été à l'école ?

– Non, lui répondit Nasreddin, en continuant à ramer.

– Alors, mon ami, tu as perdu la moitié de ta vie.

Nasreddin fut vexé, mais il garda le silence.
Lorsque la barque fut au milieu du fleuve, un courant rapide la renversa, et les deux hommes se retrouvèrent à l'eau, assez loin l'un de l'autre. Nasreddin regarda le savant et vit qu'il se débattait pour ne pas se noyer.
Il lui cria :

– Est-ce que tu as appris à nager, maître ?

– Non, répondit le savant, en continuant à se débattre.

– Alors, mon ami, tu as perdu toute ta vie.

Fable facétieuse de Nasreddin Hodja

Barque avec un rameur jouant de la flûte, « Livre de la connaissance des procédés mécaniques » d'Al Djazari, Istanbul, 1206

صورة الزورق

Ne laisse pas la tristesse t'étreindre
et d'absurdes soucis troubler tes jours,
N'abandonne pas le livre, les lèvres de l'aimée
et les odorantes pelouses
Avant que la terre te prenne dans son sein.
(...)
Ne te dépense pas tant en tristesse insensée,
mais sois en fête.
Donne, dans le chemin de l'injustice,
l'exemple de la justice,
Puisque la fin de ce monde est le néant,
Suppose que tu n'existes pas, et sois libre.

Omar Khayyâm

Banquet champêtre, fresque, Ispahan, XVIIe s.

Jésus dit :

« Ne vous inquiétez pas pour votre vie
de ce que vous mangerez,
ni pour votre corps de quoi vous le vêtirez.
Regardez les oiseaux du ciel :
ils ne sèment ni ne moissonnent,
et ils n'amassent rien dans des greniers.
Et Votre Père les nourrit !
Qui de vous peut par son inquiétude ajouter
une coudée à la durée de sa vie ?
Ne vous inquiétez pas du lendemain
car le lendemain aura soin de lui-même.
À chaque jour suffit sa peine. »

Évangile selon saint Matthieu

Giotto, *Saint François prêchant aux oiseaux*, XIVe s.

b kl' Saint michiel
.xv. c kl' Saint ceron
d kl' Saint luc
e kl' Saint capraise
g kl' Saint mellon
A kl' xi. mille vierges
b kl' Saint magloire
c kl' Saint gracien
d kl' Saint crespin
e kl' Saint amant
f kl' Vigille
g kl' S. symon. & iude.
A kl' Saint narcis
b kl' Saint lucan
.v. c kl' Vigille

Il y a un moment pour chaque chose sous les cieux.
Il y a *un temps pour* naître et un temps pour mourir,
Un temps pour planter et un temps pour arracher ce qui a été planté,
Un temps pour tuer et un temps pour soigner,
Un temps pour démolir et un temps pour bâtir,
Un temps pour pleurer et un temps pour rire,
Un temps pour gémir et un temps pour danser,
Un temps pour jeter des pierres et un temps pour les ramasser,
Un temps pour embrasser et un temps pour se quitter,
Un temps pour chercher et un temps pour perdre,
Un temps pour garder et un temps pour jeter,
Un temps pour déchirer et un temps pour coudre,
Un temps pour se taire et un temps pour parler,
Un temps pour aimer et un temps pour haïr,
Un temps pour la guerre et un temps pour la paix.

L'Ecclésiaste

Les Heures dites de la duchesse de Bourgogne *: octobre, la cueillette des fruits,* XVe s.

J'aurais beau parler toutes les langues de la terre et du ciel
s'il me manque l'amour,
je ne suis qu'un cuivre qui résonne,
une cymbale retentissante.
J'aurais beau être prophète,
avoir toute la science des « mystères »,
toute la connaissance de Dieu,
et même la foi jusqu'à transporter les montagnes,
s'il me manque l'amour,
je ne suis rien.
J'aurais beau donner mon argent à ceux qui ont faim,
j'aurais beau me faire brûler vif,
s'il me manque l'amour,
cela ne me sert de rien.

Saint Paul

Raphaël, *Un ange* (détail), XVIe s.

Il y a plus de choses dans le ciel et sur la terre que ne peut en inventer votre philosophie.

William Shakespeare

Qu'est-ce que le genre humain depuis l'origine des siècles ? C'est un liseur.
Il a longtemps épelé, il épelle encore ;
bientôt il lira.

William Shakespeare

Johannes Vermeer, *L'Astronome,* 1668

Il n'est rien de si beau et légitime
que de *faire bien l'homme et dûment.* (...)
C'est une absolue perfection, et comme divine,
de savoir jouir loyalement de son être.

Montaigne

Léonard de Vinci, *Saint Jean-Baptiste,* XVIe s.

Sandro Botticelli, *Allégorie du Printemps* (détail), 1478

Va paisiblement parmi le bruit et la précipitation, et rappelle-toi quelle paix peut se trouver dans le silence. Autant que tu le pourras sans te soumettre, sois en bon terme avec tous. Dis ce que tu crois être vrai tranquillement et clairement, et écoute les autres, même ceux qui sont sots et ignorants ; eux aussi ont leur histoire. Évite les gens bruyants et agressifs, ils sont un tourment pour l'esprit. Si tu te compares aux autres, tu risques de devenir vaniteux et amer ; car toujours tu trouveras plus grand ou plus petit que toi.

Prends plaisir à tes réalisations aussi bien qu'à tes projets. Garde de l'intérêt pour ta propre carrière, si humble soit-elle ; c'est là ce que tu possèdes réellement dans les changements de fortune du temps. Sois prudent dans tes affaires, car le monde est plein de duperies. Mais que cela ne te rende point aveugle à la vertu qui s'y trouve ; bien des gens essaient d'atteindre un noble idéal ; et partout la vie s'avère remplie d'héroïsme. **Sois toi-même.** En particulier, ne simule pas l'affection. Ne sois pas cynique dans ce qui touche à l'amour, car face à toute aridité et tout désenchantement, il est vivace comme de l'herbe. Prends avec douceur conseil des années, abandonnant avec grâce ce qui appartient à la jeunesse. Nourris ta force d'esprit pour t'en servir de bouclier dans le malheur imprévu. Mais ne te chagrine pas avec des chimères. Bien des peurs sont engendrées par la fatigue et le sentiment de solitude. Va plus loin avec une saine discipline tout en montrant de la douceur envers toi-même.

Tu es un enfant de l'Univers, tout autant que les arbres et les étoiles. Tu as le droit d'être ici. Et que cela soit clair ou non pour toi, l'Univers suit sans aucun doute le chemin qui doit être le sien. Ainsi, sois en paix avec Dieu, quelle que soit l'image que tu t'en fasses et quels que soient tes travaux et tes aspirations, reste en paix avec toi-même dans la grande confusion bruyante de la vie. Malgré toutes ses tromperies, ses corvées et ses rêves brisés, le monde est beau. Sois attentif. **Efforce-toi d'être heureux.**

Max Ehrmann

L'homme n'est qu'un roseau,
le plus faible de la nature,
mais c'est un roseau pensant.
Il ne faut pas que l'univers entier
s'arme pour l'écraser ; une vapeur,
une goutte d'eau suffit pour le tuer.
Mais quand l'univers l'écraserait,
l'homme serait encore plus noble que ce qui
le tue puisqu'il sait qu'il meurt et l'avantage
que l'univers a sur lui, l'univers n'en sait rien.
Toute notre dignité consiste donc en la pensée.
C'est de là qu'il faut nous relever
et non de l'espace et de la durée,
que nous ne saurions remplir.
Travaillons donc à bien penser :
voilà le principe de la morale.

Pascal

Qu'est-ce que l'homme dans la nature ?
Un néant à l'égard de l'infini, un tout à l'égard
du néant, un milieu entre rien et tout.

Pascal

Rembrandt, *Autoportrait au chevalet,* 1660-1663

Qui vit sans folie n'est pas si sage qu'il croit.

La Rochefoucault

Francisco de Goya, *La Maja vestida* et *la Maja desnuda,* XVIIIe

Le bonheur consiste plus dans une disposition générale de l'esprit et du cœur, qui s'ouvre au bonheur que la nature de l'homme peut prêter, que dans la multiplicité de certains moments heureux dans la vie. Il consiste plus dans une certaine capacité de recevoir ces moments heureux. Il ne consiste point dans le plaisir, mais dans une capacité aisée de recevoir le plaisir, dans une espérance bien fondée de le trouver quand on voudra. Deux choses composent le malheur moral : l'ennui général, qui provient du dégoût ou du dédain de tout ; le découragement général, qui vient du sentiment de sa propre bassesse.

Si on ne voulait être qu'heureux,
cela serait bientôt fait.
Mais on veut être plus heureux que les autres,
et cela est presque toujours difficile
parce que nous croyons les autres
plus heureux qu'ils ne sont.

Montesquieu

François Boucher, *Le Déjeuner*, 1739

La plus perdue de toutes les journées
est celle où l'on n'a pas ri.

Nicolas de Chamfort

Frans Hals, *La Bohémienne*, 1625-1630

Le chemin mystérieux
va vers l'intérieur.
C'est en nous sinon nulle part,
qu'est l'éternité avec ses mondes,
le passé et l'avenir.

Novalis

Diego Vélasquez, *Les Ménines*, 1656

Le vrai génie sans cœur est non-sens.
Car ni intelligence élevée, ni imagination,
ni toutes deux ensemble ne font le génie.
AMOUR! AMOUR!
Voilà l'âme du génie.

Wolfang Amadeus Mozart

Jean-Honoré Fragonard, *Le Verrou*, 1776-1779

L'homme meurt une première fois
à l'âge où il perd ***l'enthousiasme.***

Honoré de Balzac

Louis Léopold Boilly, *Scène de famille* (détail), XIXe s.

Je jure que la terre sera complète
pour celui qui sera complet
ou celle qui sera complète,
La terre ne reste ébréchée et brisée
que pour celui qui reste ébréché et brisé,
ou pour celle qui reste ébréchée et brisée.
Je jure qu'il n'est de grandeur ni puissance
qui ne le disputent à celles de la terre,
Il ne peut exister de théorie qui vaille
si elle ne corrobore la théorie de la terre,
Nulle politique, nul chant, nulle religion,
nulle manière d'être ou quoi que ce soit,
ne vaut, qui ne se compare à l'amplitude de la terre,
Qui ne se confronte avec l'exactitude,
la vitalité, l'impartialité,
la rectitude de la terre...

Walt Whitman

George Catlin, *Indiens chassant des bisons*, XIXe s.

Debout sur la terre nue, ma tête baignant dans l'air limpide, mes regards levés se perdent dans des espaces infinis, je sens s'évanouir tout mesquin égotisme. Je deviens une prunelle transparente ; je ne suis rien ; je vois tout ; les courants de l'Être universel circulent en moi ; je suis une partie, une parcelle de Dieu…

Ralph Waldo Emerson

Caspar David Friedrich, *Le Voyageur au-dessus d'une mer de nuages*, XIXe s.

Depuis six mille ans la guerre
Plaît aux peuples querelleurs,
Et Dieu perd son temps à faire
Les étoiles et les fleurs.

Victor Hugo

Théodore Géricault, *Officier de chasseurs à cheval de la garde impériale chargeant*, 1812

L'homme est une corde tendue entre la bête
et le Surhumain –, une corde sur l'abîme.
Il est dangereux de passer de l'autre côté,
dangereux de rester en route, dangereux de
regarder en arrière – frisson et arrêt dangereux.
Ce qu'il y a de grand dans l'homme, c'est qu'il
est un pont et non un but : ce que l'on peut
aimer en l'homme, c'est qu'il est un *passage*
et un *déclin.*

Friedrich Nietzsche

Vincent Van Gogh, *Autoportrait,* 1889

La leçon la plus importante que l'homme puisse apprendre dans sa vie n'est pas que la douleur existe dans le monde, mais qu'il dépend de nous d'en tirer profit, qu'il nous est loisible de la transmuer en joie.

(…)

Et **la joie est partout** : elle est dans le manteau de verdure qui recouvre la terre, dans la sérénité bleue du ciel, dans la folle exubérance du printemps, dans l'austérité grise de l'hiver, dans la chair vivante qui habille notre charpente, dans le parfait équilibre, noble et fier, du corps humain, dans la vie, dans l'exercice de tous nos pouvoirs, dans l'acquisition de la connaissance, dans la lutte contre le mal, dans la mort pour des biens dont nous ne profiterons jamais.

Rabindranâth Tagore

Edgar Degas, *Danseuse au bouquet saluant sur la scène*, XIXe s.

Le monde ici-bas n'est pas une plaisanterie, ni une vallée de larmes, ni l'asile avant le passage dans un monde meilleur, mais un des mondes éternel, beau, joyeux et que nous pouvons et devons, par nos efforts, rendre plus beau et plus joyeux encore pour ceux qui vivent avec nous et pour tous ceux qui y vivront après nous.

Léon Tolstoï

Pierre-Auguste Renoir, *Danse à la campagne,* 1883

Regarde le soir comme si le jour y devait mourir ;
et le matin comme si toute chose y naissait.
Que ta vision soit à chaque instant nouvelle.
Le sage est celui qui s'étonne de tout.

André Gide

Paul Gauguin, *Arearea*, 1892

En vérité, je doute qu'il y ait pour l'être pensant de minute plus décisive que celle où, les écailles tombant de ses yeux, il découvre qu'il n'est pas un élément perdu dans les solitudes cosmiques, mais que c'est une volonté de vivre universelle qui converge et s'hominise en lui.

Pierre Teilhard de Chardin

Paul Cézanne, *Portrait de l'artiste, 1880-1881*

Gustave Klimt, *Les Trois Âges*

Et une femme qui tenait un bébé
contre son sein dit,
Parle-nous des Enfants.
Et il dit :
Vos enfants ne sont pas vos enfants.
Ce sont les fils et les filles du désir de Vie.
Ils arrivent à travers vous mais non de vous.
Et quoiqu'ils soient avec vous,
ils ne vous appartiennent pas.

Vous pouvez leur donner
votre amour mais non vos pensées,
Car ils ont leurs pensées propres.
Vous pouvez abriter leurs corps mais non leurs âmes,
Car leurs âmes habitent la demeure de demain
que vous ne pouvez visiter même dans vos rêves.

Vous pouvez tenter d'être comme eux,
mais n'essayez pas de les rendre comme vous.
Car la vie ne s'en retourne pas en arrière
ni ne s'attarde avec hier.
Vous êtes les arcs qui projettent vos enfants
comme des flèches vivantes.
L'Archer voit le but sur le sentier de l'infini et
Il vous tend de toute son énergie pour que ses flèches
puissent aller vite et loin.
Que cette force bandée par la main de l'Archer soit
joyeuse ;
Car, s'Il aime la flèche qui vole,
Il aime aussi l'arc qui est stable.

Khalil Gibran

Le plus grand mystère n'est pas
que nous soyons jetés au hasard
entre la profusion de la matière
et celle des astres ;
c'est que, dans cette prison,
nous tirions de nous-mêmes
des images assez puissantes
pour nier notre néant.

André Malraux

Oskar Kokoschka, *Paysage de l'Elbe à Dresde,* 1923

Il faut toujours se dire :
« Ce n'est point parce que j'ai réussi que je suis content ; mais c'est parce que j'étais content que j'ai réussi. »

Alain

Henri Matisse, *Le Rêve,* 1935

Créer c'est l'acte même de la vie,
son affirmation, sa contrainte.

Rainer Maria Rilke

Pablo Picasso, *La Muse,* 1935

Nous participons tous de la création :
nous sommes tous rois, poètes, musiciens :
il n'est que de nous ouvrir comme des lotus
pour découvrir ce qui était en nous.

Henry Miller

Marc Chagall, *Détail de la vie, 1964 : danseurs*

La croissance de l'homme ne s'effectue pas du bas vers le haut, mais de l'intérieur vers l'extérieur.

Franz Kafka

Paul Klee, *La Belle Jardinière* , 1939

Connaître ce n'est pas démontrer ni expliquer.
C'EST ACCÉDER À LA VISION.
Mais pour voir il faut d'abord participer.

Antoine de Saint-Exupéry

Salvador Dali, *Rêve causé par le vol d'une abeille autour d'une pomme-grenade une seconde avant l'éveil,* 1944

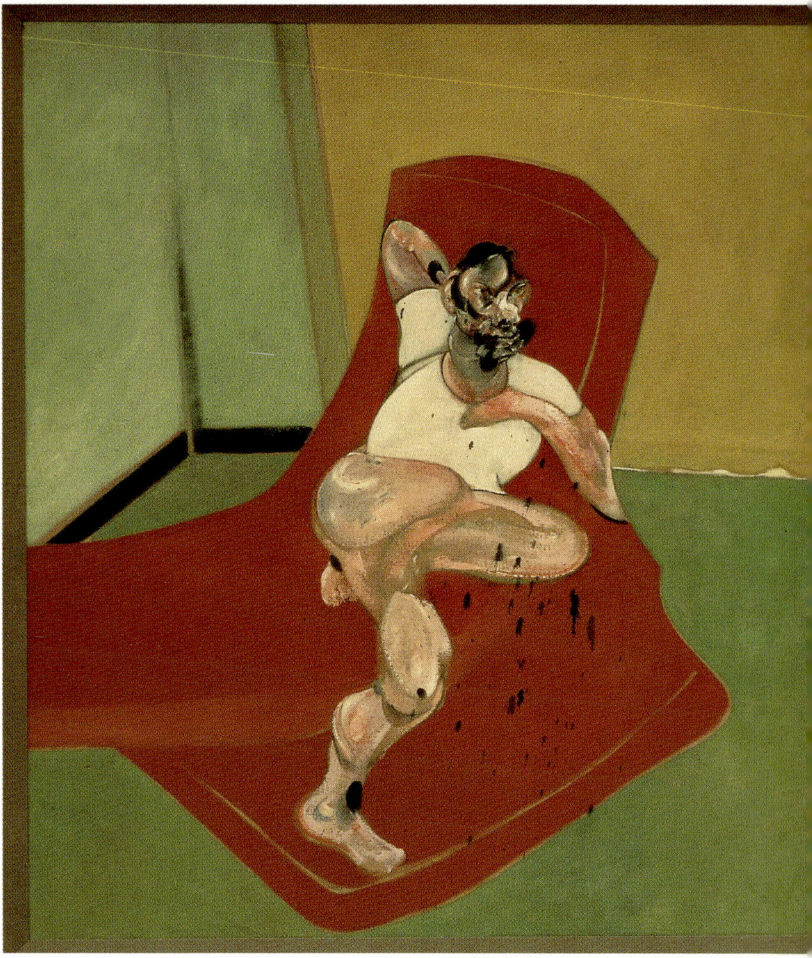

Le désespoir est une défaite anticipée.

Karl Jaspers

Francis Bacon, *Double portrait de Lucien Freud et Frank Auerbach*, 1964

Les textes reproduits dans ce recueil sont extraits des ouvrages suivants :

- **Conte taoïste** cité par Taïsen Deshimaru *in La Pratique du zen,* coll. « Spiritualités vivantes », éd. Albin Michel
- **Confucius**, *Les Dialogues*
- **Le Bouddha**, cité *in* Rabindranâth Tagore, *Sâdhâna,* coll. « Spiritualités vivantes », éd. Albin Michel, 1971
- **Brihadaranyaka Upanishad**
- **Légende hindoue**, transcription Michel Piquemal
- **Conte zen**, in *Contes des arts martiaux,* réunis par Pascal Fauliot, coll. « Spiritualités vivantes », éd. Albin Michel, 1988
- **Pindare**, *Œuvres complètes,* éd. La Différence, 1990
- **Apologue grec**, cité par Jean Vernette in *Paraboles d'Orient et d'Occident,* éd. Droguet Ardant, 1993
- **Plutarque**, *La Conscience tranquille,* trad. Myrto Gondicas, éd. Arléa, 1996
- **Marc Aurèle**, *Pensées,* éd. Les Belles Lettres, 1947
- **Épictète**, *Manuel*
- **Histoire populaire de Nasredin Hodja**, trad. Jihad Darwiche, droits réservés
- **Omar Khayyâm**, *Les Quatrains Rubâ'yât,* éd. Gérard Lebovici, trad. Charles Grolleau, 1988
- **Évangile selon Saint Matthieu**, 6, 25-34
- **La Bible**, *L'Écclésiaste,* 3
- **Saint Paul**, *Première Épître aux Corinthiens* (13)
- **William Shakespeare**, *Hamlet*
- **Montaigne**, *Essais,* III, 13
- **René Descartes**, *Discours de la méthode,* sixième partie
- **Max Ehrmann**

(1872-1945)
- **Pascal**, *Les Pensées,* Livre VI, 347 et Livre II, 72
- **La Rochefoucault**, *Les Maximes* (209)
- **Montesquieu**, *Mes pensées*
- **Chamfort**, *Produits de la civilisation perfectionnelle*
- **Mozart,** cité *in* Jean Massin, *Wolfgang Amadeus Mozart,* Librairie Arthème Fayard, 1990

• **Walt Whitman** « Chant de la terre qui tourne » *in Feuilles d'herbes,* trad. Roger Asselineau, éd. Aubier-Flammarion bilingue, 1972
• **Emerson**, *Nature* in *Les Cent chefs d'œuvre étrangers,* éd. La Renaissance du livre
• **Victor Hugo**, *Les chansons des rue et des bois,* « Liberté, Égalité, Fraternité »
• **Nietzsche**, *Ainsi parlait Zarathoustra,* trad. Maurice de Gandillac, coll. « Idées », éd. Gallimard, 1971
• **Rabindranâth Tagore**, *Sâdhanâ,* op. cit.
• **Léon Tolstoï**, *La Pensée de l'humanité,* trad. E. Halperine-Kaminsky, éd. Moderne, librairie Ambert, 1912
• **André Gide**, *Les Nourritures terrestres,* éd. Gallimard, 1917
• **Pierre Teilhard de Chardin**, *La place de l'homme et de la nature,* coll. « Espaces libres », éd. Albin Michel, 1996
• **Khalil Gibran**, *Le Prophète,* trad. Marc de Smedt, éd. Albin Michel, 1996
• **André Malraux**, *Les Noyers de l'Altenburg,* éd. Gallimard
• **Alain**, *Propos sur le bonheur,* éd. Gallimard, 1928
• **Rainer Maria Rilke**, *Lettres à un jeune poète,* éd. Grasset, 1996
• **Henry Miller**, *Le Colosse de Maroussi,* éd. Stock, 1994
• **Franz Kafka**, *La Métamorphose,* éd. Flammarion
• **Antoine de Saint-Exupéry**, *Pilote de guerre,* éd. Gallimard, 1976
• **Karl Jaspers**, *Œuvres*

Crédits photograhiques :

Les images de ce recueil proviennent de l'agence Dagli Orti © Dagli Orti excepté celles des pages 47 © Giraudon, 53 © Lauros-Giraudon et 62 © Bridgeman-Giraudon
page 79, Oskar Kokoschka © Adagp 1999 – cliché Dagli Orti ;
page 80, Henri Matisse © Succession H. Matisse – cliché Dagli Orti ;
page 83, Pablo Picasso © Succession Picasso 1999 – cliché Dagli Orti ;
page 84, Marc Chagall © Adagp, Paris 1999 – cliché Dagli Orti ;
page 86, Paul Klee © Adagp, Paris 1999 – cliché Dagli Orti ;
page 89, Salvador Dali © Adagp, Paris 1999 – cliché Dagli Orti ;
page 90-91, Francis Bacon © Adagp, Paris 1999 – cliché Dagli Orti.